SEF Collana NEO-FUNZIONALISMO
E SISTEMI INTEGRATI

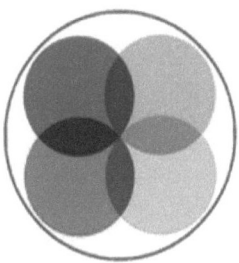

Scuola Europea di Formazione in Psicologia
e Psicoterapia Funzionale

Collana Neo-Funzionalismo e Sistemi Integrati

Questa pubblicazione fa parte della collana dedicata al Neo-Funzionalismo, ovvero un'Area scientifica di pensiero, ideata e messa a punto dagli anni '80 in poi da Luciano Rispoli, di cui la Psicoterapia Funzionale è uno dei metodi operativi. Ogni libro tratta un tema specifico legato ad un determinato campo d'intervento della Psicologia Funzionale.

Luciano Rispoli

NEO-FUNZIONALISMO

La Psicoterapia Funzionale introduzione al modello

Redazione

Luciano Rispoli

Paola Bovo, Paola De Vita

Hanno curato questa pubblicazione

Paola De Vita, M. Nadia Lucci, Claudia Sciacchitano

Facebook:
https://www.facebook.com/scuola.di.psicoterapia.sef

Email:
formazione@psicologiafunzionale.it

I lettori che desiderano informarsi sulle pubblicazioni inerenti al Neo-Funzionalismo (libri, articoli, rivista on line, ebook) possono consultare il nostro sito Internet www.psicologiafunzionale.it e iscriversi nella home-page al servizio "Resta Informato" per ricevere le nostre novità

Premessa

Caro lettore,

questa pubblicazione vuole essere una prima importante introduzione alla *Psicoterapia Funzionale*, al suo Modello teorico e operativo, percorrendo la storia di questo innovativo approccio e dei suoi concetti epistemologici di base.

Buona lettura,
Paola De Vita

INDICE

INTRODUZIONE

Prigogine ha sempre sostenuto, da grande studioso quale egli è, la necessità che la scienza moderna fosse una scienza veramente olistica; una scienza che non si arroccasse negli specialismi, non si frammentasse nei particolari, ma cercasse di ricomporre i saperi tra di loro.

Questo è un tipo di scienza che cerca di creare un ponte tra l'essere e il divenire della natura, poiché guarda all'universo come una realtà in evoluzione, non statica. Ma cerca di creare anche un ponte tra i differenti aspetti della natura con i quali noi veniamo in contatto (in particolare gli esseri umani e le loro relazioni), e i differenti modi in cui cerchiamo di interpretarne il funzionamento.

Recenti studi sulla mente ci hanno dimostrato che le varie parti del cervello e i suoi neuroni sono meno specializzati di quanto si pensasse, e sono comunque in grado di modificare abbastanza facilmente, se necessario, le loro mansioni.

Dunque il cervello stesso presenta, al di là delle differenti funzioni a cui è preposto, una sua unitarietà di fondo.

La scienza a cui fa riferimento Prigogine è una scienza di un universo in cambiamento, è una scienza che accetta la complessità, ma che non rinuncia a cercare di comprenderla e spiegarla; una scienza che tenta di dare comunque una forma matematica (e quindi rigorosa) alle leggi del caos.

Siamo dunque in una condizione di equilibrio, molto delicato ma estremamente significativo, tra il superare, da una parte, un determinismo ottuso (riduzionismo eccessivo, causa-effetto lineare, leggi solo quantitative, semplificazione banalizzante), e dall'altra parte una concezione puramente caotica della realtà, vista come irripetibile, impossibile a studiare, comprendere, prevedere.

Ho citato Prigogine perché la sua risulta una concezione della scienza che si attaglia perfettamente al nostro ambito, alla nostra disciplina, se guardiamo alla psicoterapia in senso lato e non ristretto; una psicoterapia intesa non solo come cura di patologie ma soprattutto come possibilità di leggere, analizzare e comprendere i funzionamenti complessi dell'essere umano e le sue relazioni con l'ambiente circostante. E ancora di più mi sembra si attagli alla strada che in particolare la psicoterapia corporea e la psicologia Funzionale hanno percorso all'interno della più vasta area disciplinare cui appartengono.

CAPITOLO 1 - LE ORIGINI DELLA PSICOTERAPIA CORPOREA

Erano gli anni '20 quando Wilhelm Reich proponeva le prime ipotesi sull'esistenza di interconnessioni così profonde e complesse tra lo psichico e il somatico, da considerare necessario (se non indispensabile) che in psicoterapia si intervenisse anche sul versante corporeo.

In realtà già dalle formulazioni di Freud si era cominciata a delineare la necessità di uno studio dei funzionamenti psichici che tenesse conto dei processi corporei. In Freud questo aspetto si presentava, in accordo con il modello della scienza del tempo, come "biologismo", nella sua teoria delle pulsioni. E certamente anche dopo Freud molta attenzione è stata data al corporeo per quanto riguarda un sano sviluppo evolutivo del bambino.

Ma il corpo non poteva essere considerato importante solo in relazione alla storia infantile dell'individuo. Infatti esso è comunque presente all'interno della stessa relazione terapeutica, nei suoi processi di comunicazione; anche se il modello terapeutico prevede di coglierne solo gli aspetti verbali, simbolici, o fantasmatici. Il corpo esiste nei silenzi, nel tono di voce, nei movimenti, nelle posizioni che il terapeuta assume rispetto al paziente nel setting. Con il corpo si parla e si agisce anche se in modo implicito o inconsapevole. E nella terapia ci sono ben presenti sia il corpo del paziente che quello del terapeuta.

Ecco perché l'importanza del corpo in psicoterapia è stata in fondo sempre riconosciuta nella storia della psicologia clinica, anche se in maniera non esplicita. L'interesse per il corporeo è sempre stato vivo, e ha spinto numerosi ricercatori ad affacciarsi su questo vasto e affascinante spazio, anche se pochi vi si sono addentrati veramente. Era piuttosto il corpo ad entrare, di tanto in tanto, ora in una tecnica, ora in alcune considerazioni, ora nei vissuti.

All'interno del modello psicoanalitico, basti pensare alla tecnica attiva di Ferenczi, all'esperienza emozionale correttiva di Alexander, allo psico-soma e all'holding di Winnicott, al concetto di amore primario di Balint, via via fino alle formulazioni sul Sé di Kohut e di Stern e alle tesi sull'haptonomie di This e Veldman.

Esempi altrettanto significativi vengono da altri modelli clinici: dal behaviorismo con i suoi concetti, ad esempio, di modeling e flooding; dalla gestalt con l'interesse per come il corpo si rappresenta e rappresenta se stesso agli altri; dagli studi di Schultz, con le sue tecniche di training autogeno somatico; dal cognitivismo con i concetti di feed-back a livello psicofisiologico; dalla terapia sistemica e le sue tecniche di scultura della famiglia.

Ma Reich rimane comunque colui che fondò le basi di una nuova teoria corpo-mente, che teorizzò l'approccio diretto, profondo e sistematico al corporeo in terapia. Il suo concetto di identità funzionale tra psiche e soma apre alla grande scoperta che nel corpo è scritta tutta la storia delle nostre emozioni e dello sviluppo della nostra vita, sin da quando nasciamo.

Reich è dunque il più importante tra i ricercatori che posero le basi della grande area teorica della psicoterapia corporea, avendo per primo dimostrato, con intuizioni per quel tempo eccezionali, che era necessario integrare il lavoro terapeutico tradizionale con interventi sul corpo, mirati a modificare condizioni muscolari e neurovegetative che altrimenti avrebbero continuato a retroagire sul paziente riportandolo allo stato di malattia.

Da allora un grande fermento di ricerca e sperimentazione era saldamente avviato: un movimento inarrestabile che avrebbe portato ad una delle aree teoriche della psicologia clinica più ricche di fermenti e di potenzialità.

Sono trascorsi 40 anni da quando sono state poste le prime basi di questa antica ma ancor oggi innovativa area della psicologia, che è andata avanti per cammini non sempre facili, che ha trovato troppi ostacoli al suo ingresso nella scienza ufficiale.

Ma nonostante tutte le difficoltà, la psicoterapia corporea nella sua corrente Funzionale, a partire dagli anni '70-'80 si è notevolmente sviluppata, ha lasciato indietro impostazioni troppo meccanicistiche, visioni parziali e limitate, tentazioni mistiche, atteggiamenti esageratamente esperienziali, concezioni unicamente intuitive.

E in questo lungo cammino si è, ad un certo punto, ritrovata come identità, come area teorica e tecnica (anche se estremamente multiforme), come grande modello del funzionamento umano.

Per molto tempo ad essere privilegiata è stata la dimensione dello sperimentare, del laboratorio, del momento di incontro con il nuovo. Ma questo non significa che lo sviluppo teorico non ci sia stato, con una crescita di conoscenze, di tecniche, di applicazioni in vari campi, con un aumento complessivo delle potenzialità che già la nuova concezione mente-corpo ipotizzata dai primi autori portava dentro di sé.

Ma cos'è che caratterizza realmente questa grande area clinica, questo modello di psicologia generale, evolutivo, eziopatologico e terapeutico?

La psicoterapia corporea: un equivoco di fondo

Abbiamo più volte affermato che la psicoterapia corporea (quella realmente integrata e olistica che si svilupperà nell'area di pensiero del Neo-Funzionalismo) non viene definita da un campo di applicazione, dal fatto cioè che nelle sue tecniche si interviene direttamente anche sul corpo del paziente, bensì da un impianto teorico originale e particolare (differente da quello di altri approcci clinici) relativamente al rapporto mente-corpo, allo sviluppo evolutivo, alla configurazione e alle alterazioni patologiche di individui, famiglie, gruppi.

La psicoterapia corporea realmente tale si caratterizza per una differente teoria del funzionamento mente-corpo: non più di tipo piramidale, con una mente che controlla tutto dall'alto, ma di tipo "circolare", in cui tutti i vari piani psico-corporei contribuiscono in modo paritario alla complessa organizzazione dell'organismo.

La razionalità, i ricordi, il mondo simbolico, e poi le posture e i movimenti, e ancora il mondo delle emozioni, e infine l'insieme dei sistemi interni fisiologici, sono altrettante Funzioni psico-corporee che, profondamente integrate e interconnesse nel bambino, possono invece successivamente sconnettersi tra di loro, alterarsi, diventare limitate, sclerotizzarsi. La rabbia può manifestarsi solo nella mascella e nei pugni inconsapevolmente serrati; un volto esprime tristezza senza che la persona se ne accorga; una delusione diventa direttamente contrazione allo stomaco; mani sudate e tachicardie svelano una paura non percepita; i pensieri possono ritornare sempre sugli stessi punti; le fantasie possono essere ossessivamente paurose; i muscoli tesi producono un perenne stato di allarme; e così via.

È proprio la psicoterapia corporea (ed in particolare il punto di vista Funzionale, il suo più recente sviluppo) a studiare sistematicamente le relazioni tra tutti questi piani, le leggi che li regolano, il modo in cui antichi vissuti si sono cristallizzati in ciascuno di essi, continuando ad interferire sotterraneamente nella vita attuale dei soggetti.

Risulta da tutto ciò molto chiaro, dunque, come la psicoterapia corporea non sia caratterizzata dal fatto che ha per oggetto del suo intervento il corpo (e comunque non solo il corpo); così come la terapia familiare non viene banalmente connotata solo dal suo occuparsi della famiglia, e la gruppo-analisi dall'applicare pedissequamente la psicoanalisi al gruppo.

Occuparsi della famiglia ha portato ad un accorgersi di funzionamenti e processi che riguardano il soggetto come parte di un "sistema familiare", con leggi di relazione ben precise. Così nella gruppoanalisi (con i suoi concetti di rete, matrice, transpersonale) si sono andate rivelando l'esistenza di quelle che possono essere definite le gruppalità interne del soggetto, vale a dire un modo di leggere e interpretare il funzionamento umano attraverso un'ottica del tutto particolare.

Allo stesso modo, l'aver utilizzato direttamente il corpo in terapia (toccandolo, mettendolo in movimento, modificando posture e modi di muoversi, massaggiandolo in determinate maniere) non può essere visto solo come un'aggiunta di una nuova tecnica ad altri modelli di psicoterapia, ma costituisce un fattore di trasformazione radicale di tali modelli.

Quando si è cominciato a lavorare col corpo e sul corpo in psicoterapia, ben 40 anni fa, sono stati messi alla luce una serie di fenomeni, di reazioni, di processi fino a quel momento non ancora inquadrati, che, come per gli esempi del gruppo e della famiglia, hanno modificato profondamente il quadro epistemologico di partenza, la cornice teorica iniziale, e naturalmente l'insieme delle tecniche adottate. Non poteva dunque che essere differente, da tutte le precedenti, la teoria di personalità in grado di spiegare tali fenomeni, così come profondamente diverse apparivano le ipotesi sulle fasi dello sviluppo del bambino, dalla vita perinatale in avanti. Nuove, infine, erano le riflessioni che cercavano le motivazioni dell'insorgere di alterazioni nel funzionamento psicofisico delle persone: dai disturbi più semplici alle patologie più complesse.

Il punto centrale del problema è la constatazione che nell'utilizzare comunque un contatto fisico con il paziente si trasforma e si rivoluziona completamente il quadro teorico di riferimento.

Quando si introduce la tecnica della "scultura della famiglia" nella terapia familiare, non si può non ammettere che l'agire del corpo e sul corpo produce movimenti ed accadimenti che hanno una loro specificità, che non è la stessa dell'immaginare quelle azioni o simbolizzarle.

Perché - dobbiamo chiederci da un altro versante - in alcuni approcci e metodologie si introduce sempre di più il lavoro corporeo diretto? Sostenendo ad esempio la necessità della tecnica della respirazione per i pazienti psicosomatici o le tecniche di rilassamento?

Quando anche in psicoanalisi, per fare un altro esempio, si comincia a pensare ad un contatto diretto con il corpo del paziente (come nella psicoterapia di relaxation o come nella haptonomie di Veldman e This) cosa si finisce per immettere di completamente diverso nel quadro teorico di riferimento?

Se i processi corporei, psicosomatici, fossero realmente solo preverbali e presimbolici, a niente servirebbe ritornare a queste arcaiche esperienze motorie e percettive, se poi si resta all'interno di fattori di cambiamento quali la possibilità di elaborazione e di simbolizzazione. Se invece si ammette che un'influenza diretta dei piani corporei e dei relativi differenti stati di coscienza sulla vita adulta simbolica esiste, allora siamo già in tutt'altra ipotesi, siamo appunto nelle *formulazioni* della psicoterapia corporea, siamo all'inizio di quello stesso percorso che la psicoterapia corporea aveva intrapreso 40 anni fa.

La memoria periferica

Per spiegare come il corporeo possa far emergere direttamente antichi vissuti, bisogna cominciare a pensare che forse non è vero che i processi elaborativi controllano tutto il nostro funzionamento e si instaurano al di sopra di un biologico e di un protomentale iniziali privi di vera coscienza. Bisogna ammettere che può esistere un'autonomia dei processi corporei quando questi si sconnettono da uno stato di integrazione originaria, e soprattutto che essi non solo sono influenzati ma influenzano anche, pariteticamente, il nostro pensiero, gli schemi e le rappresentazioni mentali.

Scopriamo allora che il simbolico non sempre riesce a trasformare il corporeo. Dobbiamo pensare invece a un corpo che permette di aprire processi di simbolizzazione che altrimenti non si sarebbero aperti. Dobbiamo pensare ad una sorta di "memoria corporea", una memoria periferica per meglio dire, costituita dalle tracce permanenti delle esperienze passate: posture ripetitive e abituali, alterazioni delle soglie percettive, modificazioni del tono muscolare di base. Dobbiamo pensare anche all'esistenza di una sorta di stratificazione delle emozioni nei vari distretti corporei, avvenuta durante lo svolgimento (con esiti positivi o negativi) delle più antiche esperienze di relazione tra il bambino e l'ambiente.

Numerose ipotesi sulla vita psichica infantile vanno sempre più in questa direzione: dagli involucri di esperienza di Stern agli schemi di attaccamento di

Bowlby, dallo psicosoma di Winnicott alle identificazioni di risonanza pienamente corporee di Weiss e di Sandler.

Le conoscenze necessarie in psicoterapia corporea

Giunti a questo punto del nostro ragionamento bisognerebbe cercare di capire perché, poi, in psicoterapia corporea emergano sensazioni e percezioni così intense e apparentemente inusuali: tremiti, formicolii, correnti, sensazioni profonde, emozioni di grande intensità e così via. Perché certe zone diventano calde o fredde, vengono percepite pesanti o leggere, grandi e gonfie o piccole. Questi cambiamenti psicofisici vengono spiegati nella psicoterapia corporea realmente intesa come un emergere di esperienze estremamente intense ma sepolte, un emergere di un materiale corporeo "rimosso", di vissuti, emozioni, ricordi e sensazioni fisiche apparentemente "perdute": uditive, tattili, visive, olfattive che siano. Per lavorare direttamente con il corpo in terapia allora è indispensabile conoscere il modo in cui sono interconnessi gli apparati fisiologici con le posture e con il muscolare; a che cosa conducono le vie neuroniche cortico-muscolari e cortico-viscerali, sia in senso discendente che ascendente; come agisce su tutto il resto dell'organismo il sistema neurovegetativo; come influisce la respirazione (e più precisamente i vari tipi di respirazione); che cosa un tono muscolare alterato induce sul piano delle emozioni, del simbolico, dei ricordi, dell'elaborazione. È indispensabile sapere, ancora, che cosa un contatto fisico può produrre nel paziente, e in che modo, e che conseguenze hanno le differenti maniere di toccare, muovere, far muovere, respirare (e - in termini più recenti - come sono interrelati tra di loro i vari Sistemi che costituiscono la persona nella sua interezza: Neurovegetativo, Cognitivo, Neurovegetativo, Endocrino, Emotivo, Sensoriale e Motorio).

Tutto questo con il fine di non procedere alla cieca e di non correre il rischio di rendere, di conseguenza, iatrogena la terapia.

Gli sviluppi della Psicoterapia Corporea

Ora un tale articolato complesso di ipotesi, incentrato su una fondamentale circolarità delle connessioni psiche-corpo, non può essere inglobato, come è evidente, dai quadri teorici ed epistemologici di altri approcci clinici (almeno allo stato attuale).

Tutta questa problematica è già stata affrontata nel lungo percorso che la psicoterapia corporea ha compiuto, sino allo sviluppo dell'area Funzionale e sino alle sue più recenti formulazioni e innovazioni. Sarebbe assurdo far finta che questa competenza non esistesse e ricominciare daccapo; così come assurdo sarebbe fingere che la psicoanalisi non è mai esistita e rifarne il percorso, a partire dall'ipnosi, per scoprire l'esistenza dell'inconscio e dei fenomeni di transfert.

Ora, all'interno del lungo cammino della psicoterapia corporea, sono esistite numerose differenziazioni, differenti sviluppi, varie direzioni di ricerca e di interesse, da Reich che pose il principio fondamentale di identità funzionale tra psiche e soma, in avanti. Per citare solo alcuni degli autori più significativi, pensiamo al filone americano: con Lowen e Pierrakos, la teoria del movimento di Bull, la terapia primaria di Casriel e di

Janov, la teoria psicomotoria di Pesso, Kurtz e Prestera, il rebirthing di Orr, il massaggio profondo di Painter, le ricerche di Jhonson e Downing, le teorie di Keleman e Levine.

In Europa la psicoterapia corporea si è sviluppata in numerosi rami, soprattutto con Ola Raknes che ha continuato la vegeto terapia di Reich, con l'eutonia di Gerda Alexander, la psicoperistalsi di Boyesen, i movimenti di Mathias Alexander, la scuola norvegese di Nic Waal, Bulow-Hansen, Bunkan, Thornquist e Blumenthal, gli apporti tedeschi di Petzold, l'antiginnastica di Bertherat, l'analisi psicoorganica di Fraisse, la psicodinamica della pelle di Dolto, lo psicocorporeo di Maurer, la somatoanalisi di Meyer, la biosistemica di Liss.

Inoltre citiamo, per la loro capacità di sistematizzazione e la costruzione di principi teorici dell'intera area, le opere di Boadella con il collegamento ai processi embrionali.

Numerose altre sono state comunque le influenze sul complesso campo della psicoterapia corporea: dagli studi sulla psicomotricità, a quelli sulla danza e l'espressione corporea, dal training autogeno alle varie esperienze di massaggio, dagli sviluppi della gestalt alle varie tecniche di rilassamento indotto in differenti modi.

Oggi possiamo a buon ragione dire che vi è stata una fase di riconsiderazione generale di tutti questi vari e complessi. Anche se una parte del lavoro di ricollegare tutta questa ricchezza di esperienze e di idee va ancora fatto, studi più recenti hanno individuato e riordinato i principi di base su cui l'intera area della psicoterapia corporea dovrebbe realmente arrivare a poggiare; e ci riferiamo alla psicologia Funzionale che ne ha tracciato, risistemandolo, un quadro complessivo.

La psicoterapia Funzionale costituisce una delle grandi aree teoriche della psicologia, uno dei modelli interpretativi generali del funzionamento della persona, basato su un lungo percorso di esperienze, ricerche, verifiche, sia al suo interno, sia in campi scientifici affini, quali la psicofisiologia, la psicologia evolutiva, la neurofisiologia, e così via.

I costrutti su cui si basa la psicoterapia Funzionale non sono dunque vaghi ma ben determinati, e costituiscono un complesso di proposizioni riguardanti in primo luogo lo sviluppo evolutivo e l'organizzazione di personalità, in seconda istanza l'alterarsi delle condizioni di benessere e di salute cioè i processi eziopatologici, e alla fine una teoria della tecnica più strettamente operativa, costituita da diagnosi, progetto e metodologie terapeutiche.

L'obiettivo di questo scritto è appunto quello di dare un ulteriore contributo in tal senso, provando ad esporre, anche se in modo necessariamente sintetico, i punti discriminanti del sistema teorico complessivo che fa riferimento in particolare alla più recente visione: quella della psicologia Funzionale. Per gli approfondimenti, i riferimenti più puntuali ai vari autori e i collegamenti con gli altri rami della ricerca scientifica, rimandiamo alle bibliografie specifiche.

CAPITOLO 2 - LA PSICOLOGIA FUNZIONALE

La psicologia Funzionale, muovendosi in questa direzione, si è man mano sviluppata abbracciando il paradigma della complessità e andando oltre le formulazioni e le ottiche strettamente intese della psicoterapia corporea.

Si tratta in effetti di una ipotesi di teoria complessiva del Sé, un tentativo di superare le limitazioni dei vari approcci clinici verso la costruzione di una teoria integrata ed unitaria (ma non semplice) della personalità e della psicoterapia.

Si è iniziato con il superare concetti troppo generici e vaghi, come quelli di corpo e di mente, per arrivare a parlare, all'interno della ipotizzata unitarietà corpo-mente, di processi psico-corporei, scendendo dettagliatamente su tutte le Funzioni che costituiscono il Sé: dai ricordi alla razionalità, dal simbolico alle fantasie, dalle posture ai movimenti, dalle emozioni alle forme del corpo, dal sistema neurovegetativo alle percezioni.

La psicologia Funzionale ritiene importante guardare alla persona nella sua unitarietà, complessità e, nello stesso tempo, concretezza e pluralità di piani e livelli su cui operare.

Si tratta di riempire e sviluppare un concetto di "olismo" che non sia vago ma estremamente ricco e circostanziato.

Nel mettere a punto una visione più ampia e complessiva del funzionamento umano, la psicologia Funzionale si è inserita nel più recente filone degli studi e delle teorie del Sé. E, a questo proposito, ha ritenuto possibile andare oltre la concezione semplicemente esperienziale del Sé (visto che le rappresentazioni di Sé altro non sono che alcune determinate Funzioni di un qualcosa di più ampio e complesso), senza cadere però nell'errore epistemologico di una concezione strutturale e ontologica dello psichismo umano. Come spiegare il funzionamento dell'organismo infantile, alla luce delle nuove scoperte sulla realtà del bambino, alla luce inoltre dell'esperienza e dei dati clinici che la psicoterapia corporea ha accumulato in tanti anni di pratica, e volendo superare le carenze e le limitazioni di concezioni "adultomorfiche" rivelatesi non corrette per i processi infantili?

Struttura di personalità e sviluppo evolutivo

Una concezione Funzionale del Sé ci permette di allargare il campo di indagine del funzionamento del soggetto, prendendo in considerazione sia Funzioni psichiche che Funzioni corporee, o meglio Funzioni, semplicemente, analizzabili da uno o dall'altro versante di una medesima e inscindibile unità psico-corporea. Il Sé allora sarebbe qualcosa che esiste nel senso di "insieme di Funzioni"; un insieme organico e strutturato (o meglio organizzato) di Funzioni che determinano l'identità della persona. Il Sé può essere definito Funzionalmente, dunque, come l'organizzazione che permette all'organismo di creare schemi e rappresentazioni su tutti i piani psico-corporei, come l'insieme stesso di questi piani e dei processi che li caratterizzano, e come l'insieme delle leggi che ne regolano l'interazione in un organismo visto nella sua interezza e globalità.

Pur allargandosi la cornice complessiva, il pericolo di vaghezza e di genericità (con il rischio di precipitare in una concezione metafisica del Sé) è scongiurato dalle potenzialità di precisione che derivano dal poter prendere in esame specifiche aree Funzionali, sottopiani Funzionali, sin alla più piccola singola Funzione (quale può essere il metabolismo in una cellula, una emozione, la Funzione respiratoria, o quella cardiocircolatoria, o quella immaginativa e progettuale).

Dunque, una visione Funzionale del Sé esprime un funzionamento globale al quale tutti i piani psico-corporei concorrono con la medesima importanza, in una concezione che non è più piramidale ma piuttosto circolare. Tutti i piani e i processi Funzionali contribuiscono pariteticamente alla costituzione del Sé, attraverso i processi che vi si svolgono, la loro organizzazione, la loro interazione.

Se in una concezione Funzionale il Sé è l'insieme di tutti i piani e processi Funzionali, anche nella primissima infanzia, allora, perché possa sopravvivere, questo Sé non può che essere integrato sin dall'origine.

Lo studio delle capacità del neonato conferma questo tipo di ipotesi.

Un'ulteriore riprova della condizione di integrazione originaria del Sé risiede nel fatto che non si sono mai riscontrate nel neonato incongruenze e contraddizioni tra Funzioni differenti; incongruenze che invece si vanno formando solo successivamente.

Anzi possiamo notare che, ad esempio, in una condizione di richiesta di allattamento o di rifiuto arrabbiato, o di dolore e dispiacere, il modo di piangere, i movimenti, l'espressione del viso, la condizione fisiologica (dal respiro al battito cardiaco), l'emozione, e probabilmente le immagini, sono tutte Funzioni congruenti tra di loro: vanno nella medesima direzione, esprimono il medesimo stato, sia all'esterno che all'interno.

Per la psicoterapia Funzionale l'integrazione non è uno stadio successivo da raggiungere faticosamente dopo essere stati in balìa di angosciose pulsioni, di un magmatico e incontenibile movimento interno, di vissuti scissi e sconnessi. Se l'integrazione è originaria (cioè non arriva solo dopo che si è formato l'Io), sono allora possibili sin dall'inizio sia gratificazioni per esperienze positive, sia frustrazioni quando viceversa non si sono sentiti accolti i bisogni fondamentali di vita.

Ne deriva di conseguenza che il "mentale", l'intelligenza, la capacità elaborativa non sono affatto alimentati da un'assenza di gratificazioni e dalla presenza di frustrazioni (siano pure "ottimali"), perché non è dal sospendere le soddisfazioni di una vita vegetativa corporea iniziale che essi traggono origine. Il mentale non emerge, successivamente, da un corporeo primordiale, ma entrambi sono presenti pariteticamente, nelle varie Funzioni e processi psico-corporei, sin dall'inizio. Il mentale e il corporeo, o meglio tutte le Funzioni psico-corporee, si alimentano, secondo la visione della psicoterapia Funzionale, le une dalle altre, intensificandosi vicendevolmente. Sono dunque le soddisfazioni di tutti i bisogni di base (sia pure alternati a pause e a momenti di mancanza), e non le frustrazioni, a far crescere l'intelligenza, la capacità elaborativa, la vita simbolica del bambino, così come del resto tutte le sue altre capacità.

L'ipotesi pulsionale di fondo della psicoterapia Funzionale nasce già con Reich che sosteneva l'esistenza di una pulsione fondamentalmente unitaria, una spinta che muove genericamente verso la vita; si esclude cioè l'ipotesi di un istinto di morte primigenio, di una distruttività innata nel neonato. Le negatività persistenti (quelle non legate a reazioni passeggere e giustificate) sono considerate già come una alterazione, una conseguenza del disagio del bambino nel non essere stato accolto ed aiutato a sufficienza per quanto riguarda i suoi bisogni fondamentali.

La tendenza più recente (del resto presente anche in altri approcci terapeutici) è quella di abbandonare la teoria quantitativa delle pulsioni in favore di una visione qualitativa delle stesse: nel senso di linee direttrici lungo le quali l'essere umano si muove sin dall'inizio e che saranno presenti in tutta la sua vita.

Queste direzioni sono tutte indispensabili per uno sviluppo armonico e integrato del Sé, e devono essere perciò tutte presenti e incoraggiate sin dalle prime esperienze di vita del bambino: essere contenuto - calore - nutrimento - percepirsi e sentirsi - curiosità e conoscenza - contatto e manipolazione - progettare - movimento - espressione - espansione - sessualità - amore.

L'individuo si muove spinto da questi bisogni fondamentali (che hanno necessità di essere soddisfatti tutti); ma non nel senso meccanicisticamente "idraulico", di una energia che quando si è accumulata porta ad agire per scaricarsi, bensì in un bisogno di ritrovare in tutta la vita esperienze di tal genere, esse stesse vitali e significative per il benessere dell'individuo.

Fig.1 – *Il Sé in espansione* - L. Rispoli, Psicologia Funzionale del Sé, Astrolabio, 1993

Il bambino sano (così come l'adulto sano) ricerca tali esperienze vitali, procede lungo tali direzioni, e la sua mobilità ed elasticità gli permettono di soddisfare questi bisogni di base con vari oggetti, che sono per lui (almeno fino ad un certo punto) intercambiabili. Quando un bambino non può cambiare l'oggetto che gli fornisce calore, o nutrimento, o curiosità, è già intervenuta una limitazione alla sua mobilità, con il corrispondente pregiudicarsi di uno sviluppo pieno e sano del Sé.

Non staremo qui a ripetere ancora una volta come le più recenti ricerche sull'infanzia abbiano dimostrato che il neonato non è isolato dall'ambiente, non ha soglie percettive alte, e non è passivo nei rapporti con l'esterno.

In accordo con queste ricerche, la psicoterapia Funzionale ha superato il concetto di narcisismo primario come era stato formulato in maniera classica, nonché di simbiosi, intesa come un vivere del bambino attraverso il filtro totale della struttura mentale della madre. Si pensa piuttosto ad una vita indipendente del neonato sin dall'origine, ad una sua partecipazione molto attiva nella relazione, ad una capacità di muovere in modo intenso l'ambiente a suo favore, ad una potenzialità di relazionarsi positivamente con più figure adulte di riferimento.

Il neonato viene considerato come una persona completa (anche se in una visione non adultomorfica); certo con le sue caratteristiche specifiche in evoluzione, ma non come un "non-ancora-adulto". Nel neonato sono presenti sin dall'inizio tutte le Funzioni del Sé, anche se alcune in modo rudimentale e non complessificato: dalle emozioni alle fantasie, dalle percezioni ai movimenti espressivi, dall'attivazione fisiologica (adeguata alle situazioni esterne) alle capacità logiche e razionali di paragonare, analizzare, discriminare, associare.

D'altra parte anche la nascita non rappresenta un vero e proprio salto di discontinuità, una rottura con la vita precedente, perché già nella vita intrauterina è possibile individuare elementi che fanno pensare ad una emozionalità, ad una espressività corporea legata a disagio o contentezza, ad una diffusa e sviluppata capacità percettiva (il dito in bocca, lo scalciare quando si è scontenti, il tranquillizzarsi dei movimenti quando si allenta la tensione della parete uterina, la capacità di riconoscere la voce materna, e così via).

Certo, dopo la nascita si sviluppano molto di più i movimenti, la visione; si aggiunge il respiro, la scansione più precisa di tempi e ritmi, la voce. Ma tutto ciò rappresenta una complessificazione di quello che il feto già in abbozzo era in grado di fare, piuttosto che un salto verso una vita sconvolgentemente e dolorosamente sconosciuta. La nascita è una bella sensazione di espansione più che una caduta in un mondo inospitale e angosciante.

Anche la coscienza è presente sin dall'inizio, come capacità di rappresentazioni e schemi, pur se non ancora in forme più avanzate di autocoscienza. La cosiddetta "teoria della mente" (per esprimere lo stesso concetto in altri termini) è presente, anche se in forma rudimentale, anch'essa sin dall'inizio, e non è un punto di approdo successivo.

Ne deriva allora, se si vuole specificare ulteriormente il concetto precedente, che per ogni cucciolo umano esistono delle Esperienze Fondamentali che devono avere uno svolgimento positivo affinché siano assicurati: la continuità di esistenza del Sé (senza precoci brusche interruzioni), la conservazione dell'integrazione originaria, uno sviluppo armonico ed effettivo di tutte le Funzioni psico-corporee.

Le Esperienze Basilari del Sé (EBS)

Le Esperienze di Base del Sé (il potersi abbandonare all'altro, il poter stare, amare, nutrirsi, la forza calma, l'aggressione affettuosa, tenere e lasciare, e così via) sono i mattoni della vita, sono proprio quelle esperienze che, se divengono carenti o alterate, hanno poi bisogno di essere completamente ricostruite in psicoterapia, per poter accedere a degli esiti differenti da quelli che si sono cristallizzati nella vita del paziente. È indispensabile cioè che, proprio in terapia, queste arcaiche esperienze siano "ripercorse"; e ripercorse su tutti i piani del Sé (dall'emotivo al posturale, dai ricordi ai movimenti, dalle fantasie al neurovegetativo, ecc.).

È indispensabile che siano rese gratificanti e nutrienti, trasformandone gli esiti antichi e le antiche tracce laddove siano connotate negativamente, per evitare che si ripetano le stesse vicende drammatiche che i pazienti hanno già vissuto nel loro sviluppo evolutivo e anche dopo: indifferenza, incomprensione, distacco, ostilità, sfiducia, freddezza nei loro confronti.

La teoria Funzionale ha individuato e descritto in modo concreto e dettagliato le Esperienze di Base che il bambino attraversa nella sua vita e che, se attraversate positivamente, diventano capacità che permangono anche nel futuro e che noi chiamiamo Funzionamenti di fondo.

TENUTI
Essere Tenuti (contenuti, fermati)
Essere Presi
Essere Portati (guidati)
Essere Protetti

LASCIARE
Lasciare (allentare muscolatura, incantarsi, non tenere)
Fidarsi (affidarsi, fiducia)
Abbandonarsi all'altro

CONTATTO
Contatto (vicinanza, fusione, empatia)

CONTATTO RICETTIVO
Essere Nutriti (ricevere, assorbire)
Richiedere (per ricevere, richiamare)

CONTATTO ATTIVO
Prendere (sedurre, portarsi l'altro, carisma)
Tenersi l'altro
Cambiare l'altro (muovere, trasformare)
Dare (abbracciare, regalare)

AMORE
Essere Amati (portati dentro)
Amare (portare dentro, darsi, appartenere all'altro)
Riconoscenza
Continuità positiva (ricordi, aspettativa positiva)
Amarsi (dare a sé, piacersi, autoconsolarsi, sistemarsi)

PIACERE
Piacere (eccitazione, godersi le cose)
Desiderare
Piacere dell'altro (trarre piacere dall'altro)
Benessere (armonia, interezza, verso il basso, vagotonia)

CALMA
Calma (tranquillità)
Aspettare (pazienza)
Stare (oziare)

SENSAZIONI
Sensazioni (sentirsi, conoscersi)
Percepire l'altro (percepire l'altro la realtà, percezione ampia o concentrata, esplorare)
Stupore (meraviglia, vedere il non noto nel noto)

CONTROLLO
Concentrarsi (attenzione)
Attenzione Morbida
Allentare Controllo (sciogliersi, perdersi)
Perdere Controllo (buchi, esplosioni, crolli, trasgredire)

FORZA
Forza Originaria (distaccarsi, farsi spazio)
Forza Morbida
Forza Calma (affrontare, fronteggiare, potenza)
Forza Aperta (buttare via)

CONDIVISIONE	AGGRESSIONE
Aprirsi (raccontare di sé)	**Aggressione Affettuosa** (giocosa
Condividere (scambiare, cointeressarsi)	**Aggressione** (per difendersi, attaccare)
Alleanza (l'altro dalla propria parte)	
Piacere All'altro (mostrarsi, migliorarsi per l'altro)	NEGATIVITA' **Rabbia** **Odio** (cattiveria) **Dolore**
TENEREZZA	CONSISTENZA
Tenerezza (dolcezza, morbidezza)	**Presenza** (visibilità, espandersi)
Cedere (accettare, tollerare)	**Consistenza** (peso, sicurezza, fierezza, valorizzarsi)
Necessità dell'altro (fragilità)	
CONSIDERATI	AFFERMAZIONE
Essere Visti (ascoltati capiti)	**Assertività** (affermazione delle proprie idee, imporsi)
Essere Valorizzati (apprezzati)	**Determinazione** (tenacia, andare in fondo, resistere)
	Scegliere (decidere)
VITALITA'	AUTOAFFERMAZIONE
Gioia (slancio, guizzi)	**Autoaffermazione**
Vitalità (attivarsi, energia, passione)	**Progettare** (concretizzare sogni)
Giocare (umorismo)	**Realizzazione** (soddisfazione)
Osare (andare oltre, andare avanti, coraggio)	**Competere** (voler vincere)
CREATIVITA'	AUTONOMIA
Creatività (immaginazione)	**Opposizione** (rifiuto)
Gusto del Bello	**Separarsi** (distacco)
	Autonomia (stare bene da soli, non dipendenza)

Esperienze di Base del Sé (L. Rispoli versione 2015)

Le alterazioni e l'insorgere dei disturbi: teoria patogenetica

Come già si è intuito esaminando il tipo di teoria evolutiva fatto proprio dalla psicoterapia Funzionale, l'ipotesi di fondo di un'integrazione primaria del Sé del neonato porta come possibile esito quello di probabili sconnessioni successive tra i vari piani e le varie Funzioni del Sé. Man mano che il bambino procede nel suo impatto con il mondo esterno, le sue Funzioni, armonicamente interconnesse, possono subire differenti alterazioni se questo mondo non è protettivo nei suoi confronti, non è capace di dargli sicurezza e aiuto positivo durante il suo periodo di "neotenìa", quel periodo in cui egli deve acquisire e mettere a punto tutte le capacità e le competenze che lo renderanno in grado di essere veramente indipendente.

I conflitti con l'ambiente esterno diventano, allora sì, a poco a poco, interni. Il bambino deve assumere troppo precocemente la Funzione di autoprotezione: è lui a diventare responsabile della propria sopravvivenza fisica ed affettiva. Si interrompe la continuità del Sé e delle esperienze positive del Sé, ed il bambino è costretto a trovare le strade meno dannose per resistere alle condizioni di non pieno accoglimento, finendo comunque per modificare l'organizzazione complessiva dei suoi processi psico-corporei. Ci saranno emozioni che devono essere trattenute, espressioni che si ripeteranno troppe volte, paure che devono essere bloccate e così via.

Le alterazioni che intervengono possono essere di vario tipo:

Sconnessioni - tra i piani Funzionali o anche all'interno di uno stesso piano: una postura che esprime tristezza senza che ve ne sia consapevolezza; un'eccitazione fisiologica di paura anche quando non c'è nessun pericolo; un'emozione di apertura mentre una parte del corpo esprime ostilità, e così via.

Una Funzione può rimanere cortocircuitata su se stessa, restando alterata anche quando le condizioni esterne non lo richiedono più: un respiro affannoso, una fantasia paurosa, un pensiero ossessivo, un battito del cuore sempre accelerato.

Ipertrofie e ipotrofie - di una determinata Funzione rispetto ad uno sviluppo armonico relativamente a tutti gli altri piani Funzionali (una rabbia troppo grande, pochi ricordi, pochi movimenti dolci, esagerati movimenti bruschi, eccessiva razionalità, ecc.).

Stereotipie - di Funzioni che possono diventare ripetitive, sclerotizzate (un movimento sempre identico, le mani sempre sudate, pensieri che ritornano continuamente, sempre lo stesso tipo di ricordi).

La concezione Funzionale dell'organizzazione del Sé ne permette anche una chiara e immediata rappresentazione grafica, nella quale tutti i processi e i piani psico-corporei, le varie Funzioni del Sé, vengono simbolizzati con dei cerchi più o meno vicini tra di loro, più o meno sviluppati, più o meno irrigiditi e sclerotizzati. In figura 2 abbiamo rappresentato lo schema Funzionale di una donna al momento in cui aveva cominciato un trattamento di psicoterapia. I cerchi rappresentano le varie Funzioni, così come si sono trasformate nel corso del tempo e sono nell'attuale:

-piccoli oppure grandi se le Funzioni sono poco sviluppate o sono diventate ipertrofiche;

-ispessiti e rossi se le Funzioni si sono alterate divenendo stereotipate, sclerotizzate, ripetitive;

-separati quanto più le Funzioni si sono sconnesse tra di loro.

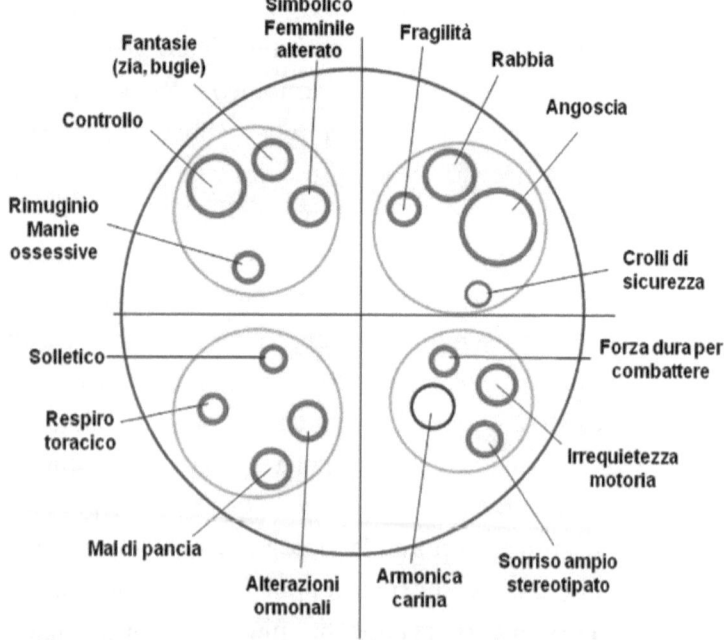

Fig.2   *Diagramma Funzionale*

Dalle tipologie, dunque, la psicoterapia corporea di impostazione Funzionale ritorna alla considerazione della singola persona, con la sua storia, la sua unicità, la sua configurazione del Sé; anche se tale configurazione ripercorre modalità rappresentative e schematizzazioni convenzionali uguali per tutti.

Il risultato è di esaltare la tipicità del quadro Funzionale di ogni singolo individuo e al contempo anche la tipicità della rappresentazione, la quale permette di paragonare una situazione all'altra, di inquadrare le vicende singolari in una più ampia vicenda generale.

Il collegamento tra le varie Funzioni del Sé non scompare mai completamente ma può allentarsi e divenire non diretto, distorto. Ciò comporta la considerazione secondo cui molto spesso (o quasi sempre) non è efficace modificare un solo piano Funzionale, perché gli effetti su altri piani possono essere molto diversi da quelli voluti e ipotizzati. Intensificare le sensazioni tattili di un paziente potrebbe portare, ad esempio, a fantasie di pericolo anziché a sensazioni di sicurezza e di tranquillità; agire sul cognitivo potrebbe aumentare controllo e tensioni e non aiutare per niente a recuperare condizioni neurovegetative ed endocrine di calma e tranquillità.

È estremamente interessante notare che sono queste alterazioni complessive del Sé, questa diminuzione della mobilità Funzionale, a costituire la base più in generale della perdita di salute. L'ammalarsi (sia in senso psichico che fisico) deriva dalle alterazioni del Sé e può essere precocemente segnalato proprio da queste ultime.

La contrapposizione tra "psicologismi" e "biologismi" appare inutile e dannosa perché non esistono separazioni nette tra organico e mentale: noi troviamo limitazioni e disfunzioni oggettivamente rilevabili su tutti i piani del Sé. E i miglioramenti che si ottengono in terapia Funzionale riguardano analogamente tutti i piani del Sé.

Un disturbo alle ovaie trova la sua base nell'emozionalità, nell'atteggiamento posturale del bacino, nella tensione muscolare del pavimento pelvico, in una disfunzionalità del sistema ormonale, nel trattenere, nella respirazione alterata, in antichi episodi di paura per la propria identificazione sessuale, nella negatività simbolica attribuita all'essere donna. E saranno tutti questi piani che vengono "toccati" in terapia, modificati e interconnessi: da quelli più evidenti (il modo di muoversi, di respirare, le emozioni più intense, ecc.) sino a quelli più profondi (cambia sinanche il ciclo mestruale).

CAPITOLO 3 – METODOLOGIE TERAPEUTICHE E DI INTERVENTO

Teoria della tecnica

Uno degli assiomi più in voga in quelle correnti della psicoterapia corporea che hanno sempre male interpretato il senso vero di una visione olistica e integrata era che il corpo aveva dentro di Sé la "verità", e che bastava dunque muovere questo corpo, non importava come, per poter automaticamente imbroccare la strada della guarigione. In realtà, al di là della difficoltà di distinguere ciò che è strettamente e unicamente corporeo da ciò che è mentale, sappiamo che non è così; e la psicoterapia Funzionale ha bene messo a fuoco la necessità di ritrasformare tutte le Funzioni che hanno subìto un'alterazione, e che "muovere il corpo tanto per muoverlo" può invece portare anche ad un aggravarsi delle patologie o, nel migliore dei casi, non sortisce effetti significativi e duraturi.

D'altronde il problema delle psicoterapie iatrogene o comunque non efficaci si pone sempre più con forza al centro dell'attenzione, proprio perché in terapia non si tratta di "muovere" un piano del Sé bensì di modificarlo: è pericoloso sviluppare le fantasie in chi le abbia troppo sviluppate, il controllo razionale laddove sia già troppo forte, il simbolico in chi tende a interpretare tutto per simboli, e così via.

La psicoterapia deve essere sempre complessivamente comprensiva non solo di una parte più diagnostica, nella quale, lasciando esprimere la persona così come è in grado di fare, emergono in modo evidente le sue stereotipie e le sue alterazioni caratteristiche, ma soprattutto di una parte più chiaramente terapeutica, in cui l'attenzione e le tecniche sono volte alla trasformazione delle condizioni alterate del paziente.

I fattori di cambiamento in psicoterapia Funzionale prendono anch'essi un aspetto "a tutto tondo", così come lo prende la configurazione complessiva del Sé. La teoria Funzionale mostra in modo più chiaro come non sia sufficiente soltanto l'abreazione emotiva, così come non lo è il fattore topico volto a portare alla consapevolezza parti di Sé inconsce o rimosse.

Analogamente, risultano insufficienti le tecniche tese genericamente a smuovere, a far "scaricare", a far sentire le emozioni, a far esplodere, a far accadere cose eclatanti; così come quelle tese solo all'insight, all'elaborazione e alla simbolizzazione, al rendere "pensabili" le esperienze traumatiche sepolte.

Abbiamo piuttosto un insieme di fattori di cambiamento che riguardano le emozioni come la consapevolezza, le posture come i movimenti, la respirazione come il tono muscolare, la voce come le espressioni del viso, il sistema neurovegetativo come il mondo simbolico, e che possono essere visti come il recupero delle varie Esperienze di Base del Sé alterate o carenti.

Il punto centrale non è la scarica né la comparsa di quella o quell'altra emozione o di un ricordo, né la comprensione di una propria situazione, e neppure la modifica di uno schema cognitivo. Lo scopo non è nemmeno quello limitato di rafforzare l'Io e renderlo in grado di tollerare le angosce.

Mobilità

Da quanto detto si può facilmente dedurre come gli obiettivi della psicoterapia Funzionale siano quelli di ricreare una profonda integrazione delle varie Funzioni del Sé rendendole di nuovo congruenti e tutte protese nella medesima direzione: gioire delle esperienze belle, affrontare ostacoli, allentare l'attenzione e l'allarme quando non ce n'è più motivo, potersi appoggiare quando è necessario, prendersi una persona e portarla dalla propria parte, e così via.

Ma le Funzioni devono anche poter perdere rigidità e riacquistare una buona mobilità. Una persona deve potersi muovere tra polarità opposte a seconda di quello che richiede la situazione esterna. Deve poter esprimere la rabbia ma anche provare una vera e profonda serenità, deve poter sentire in pieno la forza (una forza calma e non agitata) ma anche sentire e godere della propria fragilità; avere ben aperte sia la gioia che la tristezza, sia la logica che la creatività. Deve avere controllo ma anche capacità di allentarlo; deve andare nel sistema dell'allarme (simpaticotonia) ma anche in quello della tranquillità (vagotonia); deve avere i ricordi aperti così come l'immaginazione del futuro; deve poter essere tenero e duro, veloce e lento, aperto e chiuso; deve poter avere movimenti piccoli ma anche movimenti ampi.

E insieme alla mobilità è importante che si realizzi una riarmonizzazione delle Funzioni del Sé: che quelle più soffocate possano venire all'esterno, che quelle più chiuse si aprano, che quelle troppo invadenti si ridimensionino, che quelle troppo poco sviluppate prendano più spazio.

E tutto questo agendo man mano sui vari piani Funzionali del Sé, riconnettendoli, ricostruendo il tessuto lacerato; in altre parole, recuperando e riaggiustando gli esiti delle antiche Esperienze Basilari del Sé.

Le carenze e la terapia ripartiva

Negli ultimi anni anche altri modelli teorici si sono gradatamente spostati sull'idea che la terapia possa e debba riparare carenze: del sostegno avuto, di insufficiente contenimento, di non soddisfazione dei bisogni primari e fondamentali del Sé.

È un po' riprendere il concetto di "esperienza emozionale correttiva" di Alexander anche se molti autori continuano ad opporsi a questo tipo di terminologia.

D'altra parte l'argomentazione secondo cui una teoria dei bisogni negherebbe completamente le concezioni più classiche dei conflitti non sembra avere reale fondamento.

Non c'è infatti alcuna contrapposizione tra una concezione basata sull'alterarsi del Sé (deficit, carenze) e una concezione che prenda in considerazione i conflitti, tra bisogni e desideri o meglio tra bisogni primari reali e bisogni alterati, se non si fa l'errore di ridurre la prospettiva di una terapia "riparativa" alla semplicistica idea di fornire tout court esperienze gratificanti, senza modificare nulla delle modalità di funzionamento del soggetto.

In realtà le alterazioni del Sé producono a loro volta distorsioni nella capacità di fruire di esperienze positive, generano conflitti e scissioni tra differenti piani Funzionali. Gli stessi bisogni, dunque, finiscono per alterarsi, e alterano a loro volta il piano dei desideri che diventano inadatti e non buoni per la persona.

È su tutto questo che un processo terapeutico del profondo deve agire (e non semplicemente sull'offerta di esperienze di compensazione).

Una concezione siffatta della terapia non si basa (al contrario di quanto ritengono alcuni autori) su una idea di strutture difettose, quanto piuttosto di alterazioni "a catena" delle varie Funzioni e di un conseguente squilibrio dell'organizzazione della persona sui vari piani. Si possono cioè distorcere e sclerotizzare anche gli stessi bisogni primari del bambino, i desideri, le fantasie, le percezioni, creando anche una spinta a ripetere antiche negative modalità di legame.

Si può pensare, allora, a fasi via via successive della terapia in cui da una prevalenza di momenti di ritorno a modalità di funzionamento arcaico, si passa a interventi di trasformazione di tali modalità, al ritrovare le principali e vitali Esperienze Basilari del Sé, alla costruzione di una nuova storia evolutiva con il terapeuta, alla autonomia e alla forza di una relazione attuale e reale. Si può, cioè, cominciare a pensare ad una teoria "evolutiva" del processo psicoterapeutico, attraverso il passaggio di fasi differenti, ciascuna caratterizzata da modalità di relazione, di tecniche, di obiettivi differenti.

La psicoterapia Funzionale: un'ipotesi evolutiva ed integrata di terapia

Una delle ipotesi fondamentali a cui si arriva nelle esperienze più avanzate di psicoterapia è che per raggiungere gli obiettivi che abbiamo delineato non si può mai agire unicamente ad un solo livello, utilizzando soltanto il simbolico, o gli schemi cognitivi, o il movimento del corpo: perché i cambiamenti che in tal modo si ottengono finiscono per essere (in misura più o meno maggiore a seconda della connessione residua del piano Funzionale su cui si sta svolgendo l'azione terapeutica con tutto il resto del Sé) poco profondi, meno diretti, troppo lenti e comunque poco stabili nel tempo. Le Funzioni che non si sono modificate direttamente finiscono con il retroagire sulle restanti parti del Sé, risucchiandole a poco a poco nelle vecchie stereotipie e nelle vecchie alterazioni.

Indispensabile è dunque intervenire su tutti i piani del Sé, anche se non sempre dall'inizio, ma secondo modalità e tempi che sono i più adatti per ciascuna configurazione di ciascun paziente.

È possibile così pensare a un progetto terapeutico complessivo e ad una serie di percorsi e di strategie non più dettati dal caso, e nemmeno da una generica e irrealistica suddivisione in "tipologie", ma adattati in modo preciso a ciascuna situazione, a ciascuna configurazione del Sé (sia di una singola persona, o di una famiglia, o di un gruppo, di un'équipe, o anche di una istituzione).

Da quanto detto sinora ne discende che la psicoterapia non è un intervento statico in cui le modalità sono sempre le stesse, ma un processo che si sviluppa per fasi differenti tra di loro, nelle quali, con il percorrere del tempo e l'avanzare del processo, divengono differenti il rapporto transferale e la relazione tra terapeuta e paziente, gli obiettivi parziali, e differenti anche le modalità terapeutiche messe in atto.

Questo tipo di terapia viene definita come modulare o evolutiva, perché in essa viene posto l'accento su un andamento che cambia nel tempo, insieme ad una modularità, per dirla in una parola riassuntiva, dell'intero setting.

Anche se nel passato per un certo periodo di tempo (e tuttora in alcuni casi) sono state molto di moda le tecniche corporee, la psicoterapia Funzionale non può mai essere confusa con una o più di tali tecniche. La psicoterapia è sempre un processo complessivo, costituito da un iter che ha un suo sviluppo e un suo andamento, un inizio e una fine; il tutto reso possibile, dall'esistenza di una relazione con il terapeuta.

Nel rapporto terapeutico si crea un campo transferale che, dunque, anche in psicoterapia Funzionale viene tenuto in considerazione; con la differenza, però, che di questo campo vengono colti anche gli elementi più strettamente corporei (campo transferale allargato), o meglio gli altri piani del Sé, gli altri canali su cui si svolge la relazione tra terapeuta e paziente: piccole e grandi sensazioni interne, modificazioni e movimenti, gesti, calore della pelle, e così via, oltre a pensieri e fantasie; sia del paziente sia del terapeuta stesso.

Il punto è che il campo transferale non deve essere sempre interpretato, perché l'attenzione a più piani e livelli permette di evidenziarne il significato anche attraverso elementi più oggettivi, visibili chiaramente anche al paziente. Inoltre, l'interpretazione assume un ruolo molto meno importante perché l'agire terapeutico è volto a trasformare non solo la consapevolezza ma anche direttamente tutti gli altri piani del Sé. Si agisce, cioè, attraverso numerose e mirate tecniche (comprese quelle del toccare, massaggiare, tenere, muovere e far muovere il corpo del paziente), in modo diretto (anche e non solo) sul movimento, sulle posture, sul respiro, sul tono della voce e così via; attraverso elementi che anche "oggettivamente" permettono di seguire il processo di cambiamento.

Una delle caratteristiche più significative della psicoterapia Funzionale è infatti la coesistenza, l'intrecciarsi di elementi soggettivi e di elementi oggettivi; i quali ultimi costituiscono un importante punto di verifica per l'agire e la creatività del terapeuta.

L'esistenza di un campo transferale non azzera però la presenza di una relazione reale e attuale tra paziente e terapeuta, ma i due aspetti sono compresenti e interdipendenti. Lungo lo svilupparsi della terapia si ha tendenzialmente una diminuzione dei vissuti transferali antichi a favore di un aumento sempre più consistente della relazione attuale.

La psicoterapia ad indirizzo corporeo e Funzionale si configura, dunque, fondamentalmente come una ricostruzione delle "Esperienze di Base del Sé", di quelle esperienze indispensabili ad uno sviluppo armonico ed equilibrato del bambino. È una sorta di "seconda possibilità", nella quale il paziente può finalmente interrompere i suoi corto circuiti, appoggiarsi pienamente senza doversi preoccupare dell'altro, senza dover necessariamente "ricambiare", senza dover tenere il filo degli avvenimenti. È l'unica possibilità di potersi affidare pienamente e di "ritornare" così ad un "prima" che si strutturassero alterazioni, sconnessioni, rigidità; o meglio, ad un "profondo" dove sussistono ancora condizioni di integrazione tra le varie Funzioni del Sé e condizioni di mobilità vitale. E questi nuclei profondi del Sé vanno man mano allargati, con la terapia, all'intera persona.

La psicoterapia Funzionale comunque non può esprimere tutta la sua efficacia se ci si limita a restare al di sopra del "controllo" (razionale e muscolare): il suo presupposto deve essere sempre quello di poter andare al di sotto, per raggiungere quelle zone del Sé dove la persona sente e capisce al contempo, dove si riaprono emozioni e movimenti. E di lì poi si può procedere, attraverso un lavoro paziente e intenso, ad una riconnessione di altre aree, di altre Funzioni, attraverso il recupero delle varie Esperienze di Base carenti e alterate, in modo via via più esteso.

Quando si giunge a situazioni di intensa profondità, solo allora il paziente riesce a lasciarsi andare completamente, e il terapeuta se "lo prende", accogliendolo in sé come un piccolo che ritrova i suoi bisogni fondamentali con la possibilità finalmente di soddisfarli attraverso proprio il riaprirsi delle Esperienze di Base carenti o alterate, per recuperare consistenza ai propri nuclei interni, stabilità, sicurezza, senso di pienezza. La ricostruzione delle Esperienze Basilari è in fondo un processo estremamente intenso di "nutrimento", nel quale la continuità del Sé e delle sue esperienze positive trova finalmente la possibilità di ristabilirsi e di ristabilire benessere, salute, gioia di vivere.

CONCLUSIONI

Affrontare la complessità vuol dire leggere le molteplici dimensioni che attraversano l'uomo in una visione articolata ma non frammentata, olistica ma non vaga e vuota di dettagli. Questa è la sfida della scienza del futuro.

Le caratteristiche e lo sviluppo della psicoterapia Funzionale (una dei rami più antichi e allo stesso tempo più innovativi della psicologia e della psicoterapia) costituiscono un contributo importante in questa direzione. E oggi in tutti i modelli di psicoterapia le tecniche si stanno modificando e i confini teorici diventano più permeabili.

Il pensiero Funzionale, sviluppo più avanzato della psicoterapia corporea, esplora strade e tentativi possibili per una ristrutturazione complessiva delle conoscenze, non solo nel campo più ristretto della clinica e del processo terapeutico, ma soprattutto nella comprensione e nelle teorizzazioni relative al funzionamento dell'essere umano e alle possibilità di benessere in generale, individuale e sociale.

BIBLIOGRAFIA

Alexander G. (1985), *Eutony the holistic discovery of total person*, Felix Morrow, New York.

Alexander M. (1969), *The resurrection of the body*, Delta-Dell, New York.

Angell J.R. (1907), *Compiti e obiettivi della psicologia Funzionale*, Psychological Review, 14, p. 61-91.

Balint M. (1965), *L'amore primario*, Guaraldi, Firenze, 1973.

Bertherat T., Bernstein C., (1978), *Guarire con l'antiginnastica*, Mondadori, Milano.

Boadella D., Liss J. (1986), *La psicoterapia del corpo*, Astrolabio, Roma.

Bovo P., Duguid A. (1992), *Il modello Funzionale nella prevenzione perinatale*, Riza Scienze, 62.

Bowlby J. (1980), *Attaccamento e perdita*, vol. III, *La perdita della madre*, Boringhieri, Torino, 1983.

Bowlby J. (1988), *Una base sicura*, Cortina, Milano, 1989.

Bunkan B.H. (1996), *The Comprehensive Body Examination*, Scandinavian University Press, Oslo.

Boyesen G. (1985), *Entre psyché et soma, introduction à la psychologie biodynamique*, Payot, Paris.

Casriel D. (1976), *A scream away from happiness*, Grosset and Dunlop, New York.

Darwin C. (1872), *L'espressione delle emozioni nell'uomo e negli animali*, Longanesi, Milano, 1971.

Dewey J. (1896), *The Reflex Arc Concept in Psychology*, Psychological Review, 3 (1896): p. 357-370.

Dolto B. (1976), *Le corps entre les mains*, Hermann, Paris.

Downing G. (1995), *Il corpo e la parola*, Astrolabio, Roma.

Ferenczi S. (1931), *Le analisi infantili sugli adulti, fondamenti di psicoanalisi*, Vol.III, Guaraldi, Firenze, 1974.

Fraisse A. (1994), *La fontaine de feu*, Albin Mchel, Paris.

Hinde R. A. (1977), *La comunicazione non verbale nell'uomo*, Laterza, Bari.

James W. (1892), *The stream of Consciousness*, Psychology, Chapter XI, Cleveland & New York World.

Janov A. (1970), *The Primal Scream. The Primal Therapy: the Cure for Neurosis*, Puntman's, New York.

Johnson D. (1977), *The Protean Body: a rolfer's view of human flexibilty*, Harper and Row, New York.

Keleman S. (1987), *Embodyng experience*, Center Press, Berkeley.

Kohut H. (1978), *La ricerca del sé*, Boringhieri, Torino, 1982.

Kurtz R., Prestera H., (1976), *Il corpo rivela*, Sugarco, Milano, 1978.

Levine P. (1992), "Trasforming trauma: the body as healer" in Sheets-Johnstone M. (a cura di), *Giving the body its due*, Suny Press, New York.

Liss J., Stupiggia M. (1994), *La terapia biosistemica*, Franco Angeli, Milano..

Lowen A., (1994), *Respiration, mouvement, sensation, sentiment*, Les lieux du corp n. 1, Morisset, France.

Maurer Y. (1987), *Körperzentrierte Psychotherapie*, Hippocrates, Stuttgart.

Painter J. W. (1986), *Deep Bodywork and Personal Development*, Bodymind Books, Mill Valley, California.

Pesso A. (1969), *Movement in Psychotherapy*, University of London Press, London.

Petzold H. G. (1993), *Integrative Therapie:Modelle, Theorien und Methoden für eine schulenübergreifende psychotherapie*, Junfermann, Paderborn.

Peresson L. (1991) (a cura di), *Il corpo in psicoterapia*, Cisspat, Padova.

Pierrakos J. (1974), *The Core of Man*, Institute for the New Age of Man, New York.

Popper K. R. (1969), *Scienza e filosofia. Problemi e scopi della scienza*, Einaudi, Torino

Prigogine I. (1997), *La fine delle certezze*, Bollati Boringhieri, Torino.

Raknes O. (1970), *Wilhelm Reich e l'orgonomia*, Astrolabio, Roma, 1972.

Reich W. (1949), *Analisi del carattere*, Sugarco, Milano, 1973.

Reich W. (1983), *Bambini del futuro*, Sugarco , Milano, 1987

Ricci Bitti P. E., Cortesi S. (1977), *Comportamento non verbale e comunicazione*, Il Mulino, Bologna.

Rispoli L. (1985) (a cura di), *Il corpo e le psicoterapie*, Idelson, Napoli.

Rispoli L. (1993), *Psicologia Funzionale del Sé*, Astrolabio, Roma.

Rispoli L. (1998), "La psicoterapia corporea e il suo sviluppo Funzionale" in Cionini L. (a cura di) *Psicoterapie. Modelli a confronto*, Carocci, Roma.

Rispoli L. (1998), "La psicoterapia Funzionale: verso un modello complesso e multidimensionale" in Lo Verso G., Ceruti M. (a cura di) *Epistemologia e psicoterapia*, Cortina, Milano.

Rispoli L. (2004), *Esperienze di Base e sviluppo del Sé*, Franco Angeli, Milano.

Rispoli L. (2006), "Psicoterapia corporea (e lo sviluppo del Funzionalismo)", in Aa.Vv., *Psiche – Dizionario storico di psicologia, psichiatria, psicoanalisi, neuroscienze*, Einaudi, Torino.

Rispoli L. (2010), "Il Funzionalismo Moderno e il Paradigma Psicocorporeo. Diagnosi, terapia, prevenzione dei Disturbi d'Ansia", in Ragazzo L.D. (a cura di), *Ansia, che fare?*, Cleup, Padova.

Rispoli L. (2012), "Sistemi integrati nel Funzionalismo moderno. Misurazione e intervento sullo stress", in Bottaccioli F. (a cura di), *Stress e vita*, Nuove Tecniche, Milano.

Rispoli L. (2013),"Il paradigma espressivo-corporeo e la psicoterapia Funzionale", in Salvini A., Nardone G. (a cura di), *Dizionario di psicoterapia*, Garzanti, Milano.

Rispoli L. (2013), "La psicoterapia Funzionale", in Salvini A., Nardone G. (a cura di), *Dizionario di psicoterapia*, Garzanti, Milano.

Rispoli L. (2014), *Il Manifesto del Funzionalismo Moderno*, Alpes, Roma.

Rispoli L. (2016), Il corpo in psicoterapia oggi. Neo-Funzionalismo e sistemi integrati, Franco Angeli, Milano.

Sandler J. (1987) (a cura di), *Proiezione, identificazione, identificazione proiettiva*, Boringhieri, Torino, 1988.

Schultz J.H. (1964), Il training autogeno, Feltrinelli, Milano, Vol. I 1968, Vol. II 1971.

Siegel D. J. (1999), *La mente relazionale*, Cortina, Milano, 2001.

Stern D. N. (1977), *Le prime relazioni sociali: il bambino e la madre*, Armando, Roma, 1982.

This B., Veldman F. (1985), L'haptonomie, Document de Ttravail. Coq Héron 9 Paris.

Waal Nic (1955), "A special technique of psychotherapy with on autistic child" in Caplan G. (a cura di) *Emotional problems of early childhood*, Basic Books, New York.

Weiss J. (1993), *Come funziona la psicoterapia*, Bollati Boringhieri, Torino, 1999.

Winnicott D. W. (1965a), *Sviluppo affettivo e ambiente*, Armando, Roma, 1970..

Grazie per aver letto questa pubblicazione!

Ti presentiamo nelle prossime pagine
la nostra Scuola e il Corso di
Specializzazione in Psicoterapia Funzionale.

www.psicologiafunzionale.it

La Scuola ti fornisce **metodologie e tecniche di intervento concrete e precise**, sia a livello individuale che di gruppo, poiché **puntiamo molto sulla ricerca** ed utilizziamo le scoperte più avanzate delle neuroscienze e di altre discipline attigue.

Ti avvarrai di una scuola **tra le prime in Italia** nella valutazione relativa ai livelli di qualità messi a punto dal Coordinamento Nazionale Scuole di Psicoterapia.

Crediamo nella formazione e nella crescita professionale, per questo motivo ti proponiamo un **ventaglio formativo molto ampio** che parte dai seminari e dai workshop gratuiti fino ad arrivare ai Master Specialistici ed alla Scuola di Psicoterapia (Quadriennale) dove prevediamo anche la possibilità di ottenere **Borse di Studio**.

Riconoscimenti della Scuola

- Membro del **CNSP** (Coordinamento Nazionale delle Scuole di Psicoterapia) dal 2001.

- Riconosciuta dall'**EABP** (European Association of Body Psychotherapy) dal 1987.

- Membro del Forum dell'**EABP** dal 1998.

- Aderente alla **SPR** (Società di Ricerca in Psicoterapia).

- Membro fondatore del **CSITP** (Comité Scentifique International de Thérapie Psycho Corporelle) dal 1987.

CORSO QUADRIENNALE

Specializzazione in Psicoterapia Funzionale
Corso riconosciuto dal MIUR

Specializzazione riconosciuta secondo l'art. 3 legge 56/89. Sono ammessi alla scuola i laureati in Psicologia e Medicina iscritti ai relativi albi professionali. L'iscrizione è subordinata alla valutazione di conoscenze, capacità, esperienze, motivazioni all'attività di psicoterapeuta, e della situazione clinica personale.

Programma formativo

Si articola per ciascun anno in: -Insegnamenti teorici - Gruppo didattico -Laboratori e seminari -Stages intensivi – Supervisione -Tirocini interni -Tirocini esterni.

Forma dci Corsi

Il monte ore totale (500 ore l'anno di cui 100 di tirocinio esterno) si svolge in un incontro ogni mese da Gennaio a Dicembre), oltre ai 3 intensivi di 3 giorni, e agli incontri previsti per Laboratori, Seminari e Tirocini interni.

Valutazione

Verrà effettuata tramite verifiche in itinere e finali: esami, colloqui, valutazioni di capacità operative acquisite, tesi di ricerca.

Diploma

Alla fine dei quattro anni, completati tutti gli adempimenti richiesti, verrà rilasciato il Diploma di Specializzazione in Psicoterapia secondo l'art.3 della Legge 56/89.

Sedi SEF

- Napoli (sede centrale)
- Catania
- Firenze
- Padova
- Roma
- Benevento
- Brescia
- Lecce
- Milano
- Palermo
- Trieste

Per informazioni

- Tel. 081 03.22.195 (Sede Centrale, informazioni per tutte le sedi).
- formazione@psicologiafunzionale.it
  www.psicologiafunzionale.it